KIRJA MINUSTA

Täytettävä kysymyskirja minulle itselleni

Kustantaja: BoD – Books on Demand,
Helsinki, Suomi
Valmistaja: BoD – Books on Demand,
Norderstedt, Saksa
ISBN: 9789528004875

Nimeni:

_____

Ikäni tänään:

_____

Päivämäärä tänään:

_____

Missä olet tällä hetkellä?

_____

Katso oikealle, mitä näet?

_____

Katso vasemmalle, mitä näet?

_____

Mitä kuulet tällä hetkellä?

_____

Asuinpaikkani

Missä kaupungissa/alueella asut tällä
hetkellä?

Millaisia naapureita sinulla on?

Kuinka kauan olet asunut nykyisessä
kodissasi?

Listaa tähän asioita, joista pidät
asuinpaikassasi:

Listaa tähän asioita, joista et pidä
asuinpaikassasi:

_____

_____

_____

_____

Missä haluaisit asua ja miksi?

_____

_____

_____

Jos haluat asua muualla, mikä estää
sinua asumasta siellä?

_____

_____

_____

_____

_____

Listaa tähän kaikki osoitteet, joissa olet asunut, ja jokaisen niistä hyvät ja huonot puolet:

Unelmieni kodissani on seuraavia asioita:

Kuinka paljon olisit valmis maksamaan
unelmiesi kodista:

Kenen kanssa asut tällä hetkellä?

Listaa hyviä asioita tämänhetkisestä
asumismuodostasi:

Minkä ikäisenä muutit pois kotoa?

Minkälainen oli ensimmäinen päiväsi
uudessa kotona ja mitä fiiliksiä sinulla
silloin oli?

Missä haluat asua ollessasi eläkkeellä?

Tänään..

Listaa tähän kaikki ruoat, joita olet syönyt tänään:

_____

_____

_____

_____

_____

Listaa tähän kaikki, mitä olet lukenut tänään:

_____

_____

_____

_____

Listaa tähän kaikki, joiden kanssa olet puhunut tänään:

_____

_____

_____

Piirrä tähän, miltä näytät tänään tai pyydä toista henkilöä piirtämään sinut. Voit vaihtoehtoisesti myös kirjoittaa – miltä hiuksesi näyttää tänään, mitä sinulla on ylläsi, miltä kehosi näyttää tänään jne.

Kenelle olet lähettänyt viimeisimmän
tekstiviestin? Mitä siinä lukee?

_____

_____

_____

Minkälaisella mielellä olet ollut tänään ja
miksi?

_____

_____

_____

_____

_____

_____

_____

_____

Tänään olen onnellinen seuraavista
asioista:

Perheeni

Vanhempiesi nimet:

Sisarusten määrä ja nimet:

Onko sinulla lapsia? Kuinka monta?

Missä asioissa olet äitisi kanssa
samanlainen?

Missä taas täysin erilainen?

Missä asioissa olet isäsi kanssa
samanlainen?

Missä taas täysin erilainen?

_____

_____

_____

_____

_____

Kuka sisaruksistasi muistuttaa eniten
sinua ja miksi?

_____

_____

_____

_____

_____

Asioita, joita arvostat äidissäsi:

_____

_____

_____

_____

_____

_____

_____

Viisainta, mitä äitisi on sinulle opettanut:

_____

_____

_____

_____

_____

_____

_____

Asioita, joita arvostat isässäsi:

_____

_____

_____

_____

_____

_____

_____

Viisainta, mitä isäsi on sinulle opettanut:

_____

_____

_____

_____

_____

_____

_____

Miten elämäsi eroaa vanhempiesi
elämästä?

_____

_____

_____

_____

_____

_____

Miten elämäsi taas muistuttaa
vanhempiesi elämää?

_____

_____

_____

_____

_____

_____

Listaa tähän kaikki lemmikit, joita sinulla on ollut ja niiden hyvät ja huonot puolet:

Missä paikassa ja tilanteessa olet
täydellisen rentoutunut, ilman
minkäänlaista stressiä?

_____

_____

_____

_____

_____

_____

_____

Mitä asioita arjessasi arvostat?

_____

_____

_____

_____

_____

Asioita, joiden toivoisit olevan totta:

1.

2.

3.

4.

5.

Asioita, joista pidät, mutta joita muut
tuntuvat vihaavan:

1.

2.

3.

4.

5.

Mieleenpainuvia asioita/lauseita, joita muut
ihmiset ovat sanoneet sinulle:

1.

2.

3.

4.

5.

Asioita, joita sinulle ei opetettu koulussa:

1. _____
2. _____
3. _____
4. _____
5. _____

Ihmiset, jotka haluaisit tuntea paremmin:

1. _____
2. _____
3. _____
4. _____
5. _____

Asioita, joita et koskaan tekisi:

1. _____
2. _____
3. _____
4. _____
5. _____

Listaa tähän kappaleet, joita
kuuntelet eniten tällä hetkellä:

1.

2.

3.

4.

5.

Asioita, jotka saavat sinut hyvälle
tuulelle:

1.

2.

3.

4.

5.

Asioita, jotka saavat sinulle huonolle
tuulelle:

1.

2.

3.

4.

5.

Elokuvat, jotka olen nähnyt useammin
kuin kerran:

1.

2.

3.

4.

5.

Syntymäpäivilläni haluan tarjota
seuraavia ruokia:

1.

2.

3.

4.

5.

Parhaat luonteenpiirteeni:

1. _____

2. _____

3. _____

4. _____

5. _____

Huonoimmat luonteenpiirteeni:

1. _____

2. _____

3. _____

4. _____

5. _____

Kappaleet, jotka saavat minut tanssimaan:

1. _____

2. _____

3. _____

4. _____

5. _____

Asioita, jotka auttavat nukahtamaan:

1. _____

2. _____

3. _____

4. _____

5. _____

Aamuisin teen aina seuraavat asiat:

1. _____

2. _____

3. _____

4. _____

5. _____

Ennen nukkumaanmenoa teen aina
seuraavat asiat:

1.

2.

3.

4.

5.

Lahjoja, jotka haluaisin nyt saada:

1.

2.

3.

4.

5.

Tulevana uutena vuotena aion luvata
seuraavat asiat:

1.

2.

3.

4.

5.

Juhlapyhät, joista tykkään:

1.

2.

3.

4.

5.

Tapahtumat, joista tykkään:

1.

2.

3.

4.

5.

Suosikkini

Väri:

Maa:

Kieli:

Eläin:

Tv-kanava:

Tuoksu:

Ääni:

Vaatekappale:

Materiaali:

Matkapuhelinmerkki:

Sovellus:

Kirja:

Peli:

Suklaa:

Karkki:

Leivonnainen:

Lämpötila:

Paikka, jossa olla yksin:

Asia, josta unelmoida:

Rakennus:

Keksi:

Aamupala:

Hedelmä:

Paikka, jossa rentoutua:

Inhokkini

Väri:

Maa:

Kieli:

Eläin:

Tv-kanava:

Tuoksu:

Ääni:

Vaatekappale:

Materiaali:

Matkapuhelinmerkki:

Sovellus:

Kirja:

Peli:

Suklaa:

Karkki:

Leivonnainen:

Lämpötila:

Paikka, jossa olla yksin:

Asia, josta unelmoida:

Rakennus:

Keksi:

Aamupala:

Hedelmä:

Paikka, jossa rentoutua:

Kysy seuraavat kysymykset toiselta henkilöltä

Henkilö, jolta kysyt:

Missä uskot minun olevan kaikkein onnellisin?

Mihin asioihin näkisit minun sijoittavan rahaa?

Kenen kanssa menisin naimisiin, jos maailma olisi täydellinen?

Mikä on paras hetki, jonka olemme yhdessä kokeneet?

Mikä vaate minulle sopii kaikkein parhaiten?

Kuinka monta lasta uskot minun saavan?

Mitä toivot, että muistan sinusta aina?

Mitä minun pitäisi kokeilla elämässä?

Mitä ajattelit minusta, kun näimme
ensimmäisen kerran?

_____

_____

_____

_____

_____

Mieleenpainuva asia, jota olen
sanonut sinulle:

_____

_____

_____

_____

Minkälainen puoliso minulle sopii?

_____

_____

_____

Kysy seuraavat kysymykset toiselta henkilöltä

Henkilö, jolta kysyt:

Missä uskot minun olevan kaikkein onnellisin?

Mihin asioihin näkisit minun sijoittavan rahaa?

Kenen kanssa menisin naimisiin, jos maailma olisi täydellinen?

Mikä on paras hetki, jonka olemme yhdessä kokeneet?

Mikä vaate minulle sopii kaikkein parhaiten?

_____

_____

_____

Kuinka monta lasta uskot minun saavan?

_____

_____

Mitä toivot, että muistan sinusta aina?

_____

_____

_____

_____

Mitä minun pitäisi kokeilla elämässä?

_____

_____

_____

_____

Mitä ajattelit minusta, kun näimme
ensimmäisen kerran?

_____

_____

_____

_____

_____

Mieleenpainuva asia, jota olen
sanonut sinulle:

_____

_____

_____

_____

Minkälainen puoliso minulle sopii?

_____

_____

_____

_____

Ensimmäinen _____, ja minkä ikäinen silloin olit

Kännykkämerkki:

Suudelma(kenen kanssa):

Automerkki:

Parisuhde:

Avoliitto:

Avioliitto:

Ulkomaanmatkakohde:

Lentomatka:

Työpaikka:

Seksikumppani:

Oma asunto:

Lapsi:

Dieetti:

Huvipuisto:

Festivaali:

Sakko:

Vieras kieli, jonka opit:

Paras ystävä:

Alkoholi, jota joit:

Sähkopostiosoite:

Tietokone:

TV:

Hääjuhla:

Konsertti:

Asioita, joihin hallituksen pitäisi
käyttää enemmän rahaa:

1.

2.

3.

4.

5.

Asioita, joihin hallituksen pitäisi
käyttää vähemmän rahaa:

1.

2.

3.

4.

5.

Asioita, jotka ovat äärimmäisen
koukuttavia:

1.

2.

3.

4.

5.

Asioita, jotka tekevät oloni epämukavaksi:

1. _____

2. _____

3. _____

4. _____

5. _____

Lapselleni aion opettaa seuraavat asiat:

1. _____

2. _____

3. _____

4. _____

5. _____

Unelmieni häissä on seuraavia asioita:

1.

2.

3.

4.

5.

Asioita, jotka muistuttavat minua kotimaastani:

1.

2.

3.

4.

5.

Ostokset, joita ostan lähes aina kaupasta:

1.

2.

3.

4.

5.

Liikkeet, joissa käyn useamman kerran
kuukaudessa:

1.

2.

3.

4.

5.

Viimeaikaiset ostokset, jotka
maksoivat yli 100 euroa:

1.

2.

3.

4.

5.

Asiat, joista valitin viimeksi:

1.

2.

3.

4.

5.

Asiat, jotka viimeksi saivat minut nauramaan:

1.

2.

3.

4.

5.

Asiat, jotka viimeksi saivat minut
itkemään:

1.

2.

3.

4.

5.

Hyvä päivä sisältää seuraavat asiat:

1.

2.

3.

4.

5.

Viehättävimmät ominaisuudet ihmisessä:

1.

2.

3.

4.

5.

Tuotteet, joita pitäisi olla myynnissä:

1.

2.

3.

4.

5.

Yleisimmät ruoat, joita syömme perheessämme:

1.

2.

3.

4.

5.

Mikä on lempivärisi?

Miksi kyseinen väri on lempivärisi? Kuvaile
väriä eri adjektiiveilla:

1.

2.

3.

4.

5.

Mikä on lempieläimesi?

Miksi? Kuvaile tätä eläintä eri
adjektiiveilla:

1.

2.

3.

4.

5.

Heräät pimeässä ja lukitussa tilassa.
Mitä teet ensimmäiseksi?

*Vanhan kiinalaisen viisauksen
mukaan juuri vastaamasi kertovat
seuraavaa:*

*Sanat, joilla kuvailit lempiväriäsi
kertovat siitä, miten näet itsesi.*

*Sanat, joilla kuvailit
lempieläintäsi kertovat, mitä
ominaisuuksia haluat
kumppanistasi.*

*Tavat, miten toimit pimeässä
huoneessa kertovat siitä, miten
kohtaat kuoleman,*

Onnellisuus

Mitä onnellisuus tarkoittaa minulle?

Mitä asioita näen edessäni tällä
hetkellä, joista olen onnellinen?

Listaa tähän asioita, joista pidät
itsessäsi:

1.

2.

3.

4.

5.

Minua kehutaan usein seuraavista
asioista:

1.

2.

3.

4.

5.

Voisiko onnellisuus olla aina tässä ja
nyt, eikä tulevaisuudessa tai
menneisyydessä?

Huomaatko eläväsi usein
menneisyydessä tai tulevaisuudessa?
Miksi?

_____

_____

_____

Listaa tähän 5 tärkeintä asiaa itsessäsi,
jotka tekevät sinut onnelliseksi:

1. _____

2. _____

3. _____

4. _____

5. _____
Jos en koe olevani onnellinen juuri
nyt, mikä minua estää olemasta
onnellinen?

_____

_____

_____

_____

Millaista elämäni olisi, jos en
yrittäisikään aina juosta onnellisuuden
perässä, vaan keskittyisin aina tähän
hetkeen?

_____

_____

Missä tilanteissa huomaan olevani
onnellinen?

_____

_____

Mitä asioita voin muuttaa juuri nyt,
jotka estävät onnellisuuttani?

_____

_____

_____

_____

Ajatuksia

Kumpi on pahempaa: olla yrittämättä vai epäonnistua?

Jos voisin muuttaa yhden Asian maailmassa, mikä se olisi?

Mitkä asiat ovat muokanneet persoonallisuuttani?

Minkä neuvon antaisit vastasyntyneelle vauvalle?

Missä menee hulluuden ja luovuuden
raja?

_____

_____

Mitkä asiat rajoittavat sinua
tekemästä sitä, mitä haluat?

_____

_____

_____

Mitkä päätokset teet helposti itse?

_____

_____

Missä asioissa odotat muiden tekevän
päätoksen puolestasi?

_____

_____

_____

Mikä tekee hyvän ystävän?

_____

_____

_____

_____

_____

Miksi ihmiset vertaavaat itseään
muihin?

_____

_____

Mitä tekisit, jos kaikki olisi sallittua?

_____

_____

_____

_____

Mitä on tosirakkaus?

_____

_____

_____

_____

_____

_____

Mitä on todellinen henkinen vahvuus?

_____

_____

_____

_____

_____

_____

Mikä nykymaailmassa on paremmin
kuin ennen vanhaan?

_____

_____

_____

_____

_____

Mikä nykymaailmassa on huonommin
kuin ennen vanhaan?

_____

_____

_____

_____

Uskotko, että raha ja materiaali
tekevät sinut onnelliseksi? Miksi?

_____

_____

_____

Millaisia asioita yhteiskunta tuntuu
arvostavan tämänpäivän
maailmassa?

Mitä uskot tapahtuvan kuoleman
jälkeen?

Mikä on elämän merkitys?

Missä ihmiset ovat ennen kuin he syntyvät?

Missä asioissa näet kauneutta?

Määrittele sisäisesti kaunis ihminen:

Määrittele ulkoisesti kaunis ihminen:

_____

_____

_____

_____

_____

Kumpi merkitsee sinulle enemmän?

_____

Mistä ajatukset kumpuavat ja miksi
olemme niin usein ajatuksemme
vankeja?

_____

_____

_____

_____

_____

Täydellisessä päivässä – Miten jakaisit 24 tuntia ja mihin aktiviteetteihin?

Minkä ikäiseksi koet itsesi? Miksi?

Mistä olet ylpeä itsessäsi?

Miksi valitsit nykyisen ammattisi?

Mitä haluaisit tehdä työksesi?

_____

Mikä estää sinua tekemästä unelmiesi työtä?

_____

_____

Mitä osaat tehdä paremmin kuin keskiverto ihminen?

_____

_____

_____

Jos olisit presidentti, mitä tekisit ensimmäiseksi?

_____

_____

_____

_____

Lapsena haaveilin seuraavista ammateista:

1.

2.

3.

4.

5.

Parhaimmat muistoni lapsuudesta:

1.

2.

3.

4.

5.

Asioita lapsuudestani, jotka vaikuttavat minuun aikuiselämässäkin

1.

2.

3.

4.

5.

Lapsena nautin seuraavista asioista:

1.

2.

3.

4.

5.

Teininä nautin seuraavista asioista:

1. _____

2. _____

3. _____

4. _____

5. _____

Asioita, joita inhosin lapsena, mutta joista nautin nyt:

1. _____

2. _____

3. _____

4. _____

5. _____

Ihmiset olisivat mukavampia toisilleen, jos:

1. _____

2. _____

3. _____

4. _____

5. _____

Urheilulajit, joista tykkään

1. _____

2. _____

3. _____

4. _____

5. _____

Hyvät treffit sisältävät seuraavia
asioita:

1. _____

2. _____

3. _____

4. _____

5. _____

Tärkeimmät asiat hyvässä
parisuhteessa:

1. _____

2. _____

3. _____

4. _____

5. _____

Asioita, joita en tekisi mistään
hinnasta:

1. _____

2. _____

3. _____

4. _____

Asioita tai tilanteita, jotka tekevät minut jännittyneeksi:

1. _____

2. _____

3. _____

4. _____

5. _____

Asioita tai tilanteita, jotka rauhoittavat minua:

1. _____

2. _____

3. _____

4. _____

5. _____

Lempi herkkutelutuotteeni:

1.

2.

3.

4.

5.

Ruoat, joita osaan tehdä hyvin:

1.

2.

3.

4.

5.

Tuotteet, joita myytiin ennen, ja joita kaipaan:

1.

2.

3.

4.

5.

Suosikkini

Aihe, josta puhua:

Asia, jota tehdä arkipäivänä:

Asia, jota tehdä viikonloppuisin:

Nettisivu:

Aikakausilehti:

Blogi:

Kodinkone:

Huonekalu:

Hymiö:

Ravintola:

Opettaja:

Kouluaine:

Väriyhdistelmä:

Yöasu:

Elämänvaihe:

Aamupala:

Lounas:

Illallinen:

Iltapala:

Jäätelömaku:

Kakku:

Instagram-käyttäjä:

Laulaja:

Näyttelijä:

Inhokkini

Aihe, josta puhua:

Asia, jota tehdä arkipäivänä:

Asia, jota tehdä viikonloppuna:

Nettisivu:

Aikakausilehti:

Blogi:

Kodinkone:

Huonekalu:

Hymiö:

Ravintola:

Opettaja:

Kouluaine:

Väriyhdistelmä:

Yöasu:

Elämänvaihe:

Aamupala:

Lounas:

Illallinen:

Iltapala:

Jäätelomaku:

Kakku:

Instagram-käyttäjä:

Laulaja:

Näyttelijä:

Viimeksi kuuntelemani kappaleet:

1.

2.

3.

4.

5.

Henkilöt, joille olen soittanut viimeksi:

1.

2.

3.

4.

5.

Uutisaiheet, jotka minua kiinnostavat:

1.

2.

3.

4.

Kenelle ostin viimeksi lahjan ja mikä
lahja se oli?

_____

_____

Mitä haluan saavuttaa elämässä?

1. _____

2. _____

3. _____

4. _____

5. _____

Hyviä tekoja, joita tein tänään:

1. _____

2. _____

3. _____

4. _____

5. _____

Asioita, joita olisin voinut tehdä tosin tänään:

1.

2.

3.

4.

5.

Mietin usein seuraavia asioita:

1.

2.

3.

4.

5.

Inspiroidun seuraavista asioista:

1.

2.

3.

4.

5.

Olen usein hyväntuulinen seuraavissa tilanteissa:

1.

2.

3.

4.

5.

Olen usein huonolla tuulella seuraavissa tilanteissa:

1.

2.

3.

4.

5.

Tilanteet, jotka saavat minut ujoksi:

1. _____

2. _____

3. _____

4. _____

5. _____

Asioita, joihin minulla on pakkomielle:

1. _____

2. _____

3. _____

4. _____

5. _____

Ihmisiä, joita ihailen:

1.

2.

3.

4.

5.

Outoja tapojani:

1.

2.

3.

4.

5.

Rutiinit, joita teen joka päivä:

1.

2.

3.

4.

5.

Millaiset asiat ja tilanteet tekevät sinut kateelliseksi? Miten voit päästä kateudesta eroon?

Kenen ihmisen puolesta osaat aidosti iloita? Kenen taas et?

Mikä on paras tunne, jonka voit
kokea? Missä tilanteissa koet sen?

_____

_____

_____

_____

_____

_____

Mikä on kamalin tunne, jota voit
kokea? Missä tilanteissa koet sen?

_____

_____

_____

_____

_____

_____

Listaa tähän kaikki asiat, joista voit olla onnellinen nyt

_____

_____

_____

_____

_____

_____

_____

_____

_____

_____

_____

_____

_____

Asioita, joita haluan tehdä ennen kuolemaani, ja miksi?

Listaa tähän tärkeitä lauseita tai viisauksia

Listaa tähän jokaisen ikävuotesi asia, jonka muistat parhaiten kyseisestä vuodesta

0

1

2

3

4

5

6

7

8

9

10

11

12

13

14 _____

15 _____

16 _____

17 _____

18 _____

19 _____

20 _____

21 _____

22 _____

23 _____

24 _____

25 _____

26 _____

27 _____

28 _____

29 _____

30 _____

31 _____

32 _____

33 _____

34 _____

35 _____

36 _____

37 _____

38 _____

39 _____

40 _____

41 _____

42 _____

43 _____

44 _____

45 _____

46 _____

47 _____

48 _____

49 _____

50 _____

51 _____

52 _____

53 _____

54 _____

55 _____

56 _____

57 _____

58 _____

59 _____

60 _____

61 _____

62 _____

63 _____

64

65

66

67

68

69

70

71

72

73

74

75

76

77

78

79

80

81 _____

82 _____

83 _____

84 _____

85 _____

86 _____

87 _____

88 _____

89 _____

90 _____

91 _____

92 _____

93 _____

94 _____

95 _____

96 _____

97 _____

98 _____

99 _____

100 _____

_____

_____